Género Texto expositivo

I0794284

Pregunta esencial

¿Cómo pueden los conocimientos científicos cambiar con el tiempo?

MARTE

YVONNE MORRIN

INTRODUCCIÓN

A través de la historia, el ser humano ha estado fascinado por el planeta Marte. En tiempos antiguos, la gente veía un punto de luz roja en el cielo y se preguntaban qué podría ser. A diferencia de las estrellas, que eran blancas y parecían moverse en un arco cada noche, esta luz roja vagaba por todo el cielo.

Los antiguos egipcios denominaron a esta luz Her Desher, que significa "la roja". Los griegos y los romanos llamaron al planeta en honor a sus dioses de la guerra: los griegos lo llamaron Ares y los romanos, Marte. Quizá el color rojo del planeta les recordaba la sangre derramada en las batallas.

Los primeros científicos observaron cercanamente los movimientos del planeta. Tiempo después, los **astrónomos** usaron telescopios para descubrir más sobre Marte. Sin embargo, eran muchos los datos desconocidos sobre este planeta. La gente se preguntaba: ¿De qué está compuesto Marte? ¿Qué forma tiene? ¿Cuál es su tamaño? ¿Tiene **atmósfera**? ¿Es caliente o frío? ¿Podría haber vida en Marte?

En la actualidad, algunas de estas preguntas siguen aún sin respuesta.

Stock Trek/Photodisc/Getty Images

Los hindúes llamaron Angaraka a Marte, que significa "carbón ardiente", y los árabes lo llamaron Mirikh, que significa "la antorcha".

Las misiones espaciales recientes, no tripuladas, han respondido algunas de estas preguntas. Estas misiones a Marte han ampliado nuestro conocimiento sobre el planeta.

Sin embargo, aún hay preguntas sobre Marte que solo pueden responderse con una mayor y más profunda exploración científica. Aunque nadie ha podido viajar a Marte, quizá, con el desarrollo de la **tecnología**, algún día el ser humano visite el planeta rojo y lo explore por sí mismo.

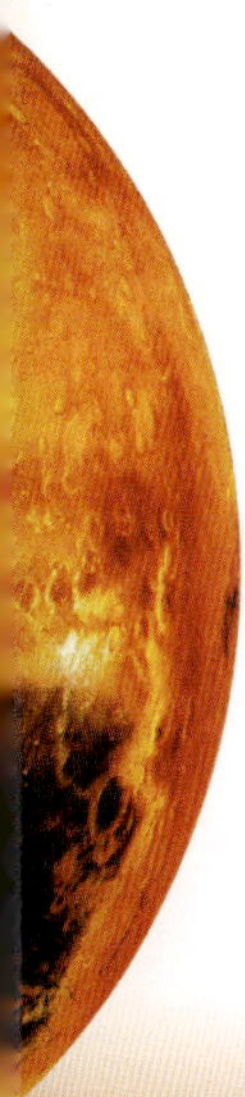

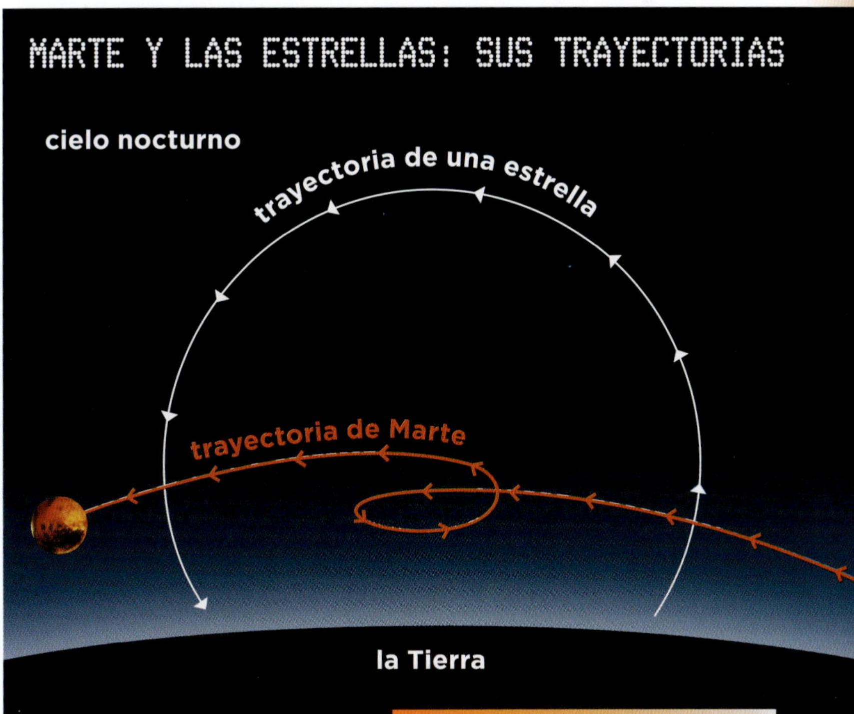

La trayectoria de Marte es diferente a la de las estrellas que vemos en el cielo.

CAPÍTULO 1

DESCUBRIMIENTO DE MARTE

Los visitantes a Marte encontrarían un lugar muy hostil: árido, frío, cubierto de rocas y aparentemente sin vida. Los astrónomos han presenciado feroces tormentas de polvo que crecen hasta cubrir la totalidad del planeta. Marte es mucho más pequeño que la Tierra y tiene menor fuerza de gravedad. Sin embargo, es el planeta de nuestro sistema solar que más se parece a la Tierra. Tiene estaciones y atmósfera, y su día tiene casi la misma duración que el nuestro.

COMPARACIÓN ENTRE MARTE Y LA TIERRA

	MARTE	LA TIERRA
Distancia promedio desde el Sol	142 millones de millas	93 millones de millas
Diámetro	4,220 millas	7,926 millas
Duración de un día	24 horas, 39 minutos	23 horas, 56 minutos
Duración de un año	687 días terrestres	365 días
Temperatura promedio	-81°F	57°F
Atmósfera	En su mayoría dióxido de carbono	En su mayoría nitrógeno y oxígeno
Gravedad	3/8 de la de la Tierra*	1

* En Marte pesarías tres octavos de lo que pesas en la Tierra.

Los hechos que conocemos sobre ese fascinante planeta se han recopilado con el tiempo gracias a la labor de los astrónomos. Sin embargo, ellos también son humanos y pueden cometer errores. En ocasiones han interpretado mal sus observaciones sobre Marte y han sacado conclusiones erróneas. Algunas de las **teorías** equivocadas más conocidas son: que Marte era ardiente, que cambiaba de dirección frecuentemente, que estaba cubierto por densos bosques e incluso que ¡allí había ciudades llenas de personas como nosotros!

Como la ciencia es flexible y tiene constantes retos, las ideas de los astrónomos también pueden probarse y negarse a partir de la **evidencia**. Si una teoría no se prueba, se reemplaza por una nueva. A medida que las investigaciones científicas avanzan con el tiempo, estas nuevas teorías también podrían reemplazarse.

UNA PALABRA DE MARTE

Los antiguos romanos llamaron Marte a ese planeta en honor a su dios de la guerra. Aunque ya no relacionamos a Marte con la guerra, existe una palabra que sí lo hace. *Marcial* significa "perteneciente o relativo a la guerra o la milicia". Por ejemplo, las artes marciales son deportes de defensa o ataque, como el judo y el karate.

El diámetro de la Tierra casi duplica el diámetro de Marte. Como Marte tiene menos masa que la Tierra, también tiene menos gravedad.

Antes de la invención del telescopio, hace aproximadamente 500 años, un astrónomo llamado Nicolás Copérnico usó las matemáticas para descubrir que los planetas giran alrededor del Sol. Su teoría, que publicó en 1543, sorprendió a la gente porque pensaban que la Tierra era el centro del universo. Con seguridad, ¡los planetas y el Sol debían orbitar la Tierra! Su teoría fue rechazada. Sin embargo, Copérnico tenía razón, y su teoría se aceptó ampliamente 100 años después.

En 1609, las teorías de otro astrónomo causaron conmoción. En esa época, la mayoría de las personas creían que los planetas que orbitan el Sol se movían en círculos perfectos. Johannes Kepler usó un cálculo matemático para probar que los planetas se mueven en una trayectoria oval, llamada órbita **elíptica**.

ÓRBITAS ELÍPTICAS DE LOS PLANETAS

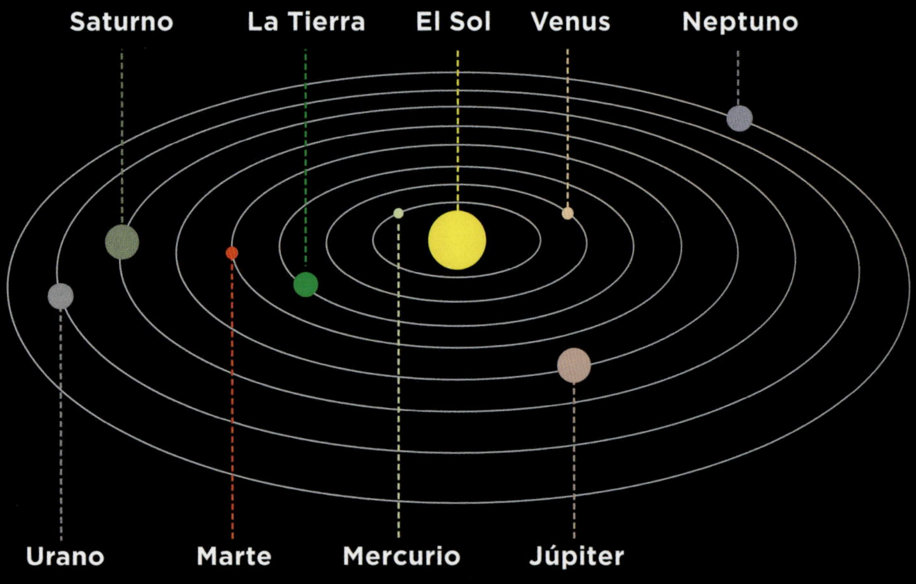

Como Kepler descubrió, Marte y los demás planetas se mueven en órbitas elípticas alrededor del Sol.

Muchos astrónomos, como Galileo y Herschel, diseñaron sus propios telescopios para estudiar a Marte y otros planetas.

El mismo año, un astrónomo italiano llamado Galileo Galilei, fue la primera persona en usar un telescopio astronómico para observar Marte. Su telescopio era simplísimo pero le permitía ver los objetos 20 veces más cerca. Lo usó para descubrir las montañas de la luna, las estrellas en la Vía Láctea, las cuatro lunas alrededor de Júpiter y para observar de cerca Marte. Con el tiempo, a medida que la tecnología de los telescopios se desarrollaba, los astrónomos observaron características sobre la superficie de Marte, como líneas y manchas de oscuridad y luz.

A mediados del siglo XVIII, el astrónomo británico William Herschel construyó sus propios telescopios y estudió de cerca Marte durante cinco años. En 1784 especuló que algunas manchas de luz en los polos de Marte podrían ser casquetes de hielo **polar**, similares a los de la Tierra. ¡Fue acertadísimo!

El telescopio de Herschel le permitió identificar más características únicas del planeta rojo.

Herschel **dedujo** correctamente que Marte tenía atmósfera y que un día normal en Marte duraba 24 horas, 39 minutos y 22 segundos. Este cálculo fue tan acertado como el actual: hoy los astrónomos calculan que un día en Marte dura 24 horas, 39 minutos y 35 segundos. ¡Herschel solo se equivocó por 13 segundos!

Sin embargo, su teoría de que las áreas claras sobre la superficie de Marte eran tierra y que las áreas oscuras eran océanos resultó equivocada. También creyó que la existencia de tierra, océanos y atmósfera significaría que, igual que en la Tierra, había vida en Marte.

En 1877, un astrónomo italiano llamado Giovanni Schiaparelli, vio unas líneas en Marte. Las llamó *canali*, que en italiano significa "cauces". Los cauces son vías fluviales naturales formadas por el movimiento del agua. Sin embargo, la palabra se tradujo erróneamente como "canales". ¡Los canales son vías fluviales cavadas por el ser humano! Debido a este error, se pensaba que los marcianos habían hecho canales en Marte. La gente se mostraba emocionadísima, pero las líneas que Schiaparelli creía que había visto nunca existieron; fueron una ilusión.

Schiaparelli dibujó estos mapas de los supuestos cauces de Marte.

Science Source

El mismo año, el astrónomo estadounidense Asaph Hall realizó otro importante y acertado descubrimiento. Observó que Marte tenía dos lunas. Las llamó Phobos, que en griego antiguo significa "temor", y Deimos, que significa "pánico". Hall las llamó así por los caballos que pertenecían a Ares, el dios griego de la guerra. Estas lunas son muy diferentes a la luna de la Tierra, que es una esfera. Tienen un diámetro mucho más pequeño y formas irregulares.

Phobos posee una forma irregular y está marcada por cráteres.

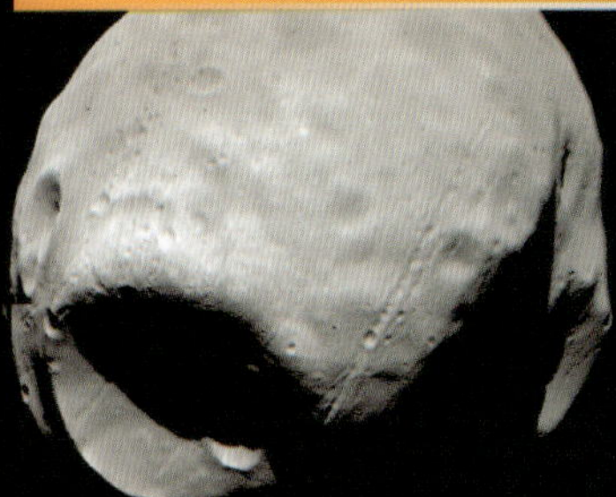

Viking Project, JPL, NASA

PRIMEROS DESCUBRIMIENTOS SOBRE MARTE

300 a. C.

Aristóteles ve pasar la luna frente a Marte. Se da cuenta de que Marte está a mayor distancia de la Tierra que la luna.

1514 d. C.

Copérnico descubre que los planetas giran alrededor del Sol.

1609 d. C.

Kepler usa cálculos matemáticos para determinar que todos los planetas se mueven en órbitas elípticas alrededor del Sol.

Galileo observa Marte con un telescopio y escribe sus observaciones en una carta a un amigo.

1780 a 1790 d. C.

Herschel descubre que los casquetes polares están probablemente formados por nieve y que Marte tiene atmósfera.

1877 d. C.

Schiaparelli cree equivocadamente que ve líneas en la superficie de Marte.

Hall descubre que Marte tiene dos lunas.

CAPÍTULO 2

ÓRBITA Y EXPLORACIÓN

Durante más de 300 años, los telescopios fueron la única manera de observar Marte de cerca. Eso cambió con el comienzo del programa espacial. En 1965, la **sonda espacial** *Mariner 4* sobrevoló cerca de 6,000 millas (9,800 kilómetros) de la superficie de Marte y a su paso tomó 22 fotografías en blanco y negro. Estas fotografías mostraron que Marte tenía enormes cráteres como los de la luna de la Tierra. En los años siguientes, otras dos sondas sobrevolaron Marte de la misma manera, enviando fotografías a los astrónomos en la Tierra.

Después en 1971, la sonda *Mariner 9* fue la primera en orbitar Marte. Las primeras fotos enviadas a la Tierra mostraban una enorme tormenta de polvo que cubría gradualmente todo el planeta y hacía imposible ver algo. Poco después el orbitador envió fotos de casquetes polares, volcanes, cañones y antiguos lechos de ríos. ¡Marte debió haber tenido agua alguna vez! Quizá también hubo vida.

NASA/Brown RPIF

Las fotografías tomadas por las sondas espaciales permitieron que los científicos vieran más detalles de la superficie de Marte.

Para averiguar sobre la vida en Marte, los científicos necesitaban explorar más de cerca la superficie. En 1976, dos **sondas de aterrizaje**, llamadas *Vikingo 1* y *Vikingo 2*, aterrizaron en suelo marciano. Aunque tenían cámaras, aparatos para analizar el suelo y equipos para medir el clima, las sondas solo pudieron recolectar información desde su sitio de aterrizaje.

Casi 20 años después, en 1997, la misión *Pathfinder* tocó suelo marciano. El 6 de julio de 1997, un **explorador** llamado *Sojourner* bajó la rampa del *Pathfinder* para explorar el planeta. Este diminuto vehículo de seis ruedas se desplazaba sobre la accidentada superficie, desarrollando experimentos y grabando imágenes de su paisaje. Desde entonces, muchos otros orbitadores, sondas y exploradores han ido a Marte.

PLANETA EXTREMO

Gracias al programa espacial, ahora sabemos que Marte posee dos récords del sistema solar: ostenta la montaña más alta y el cañón más extenso conocidos. A una altura cercana a las 15 millas (24.1 kilómetros), el volcán extinto de Olympus Mons es, aproximadamente, tres veces más alto que el monte Everest. Valles Marineris es un cañón de casi 2,500 millas (4,000 kilómetros) de longitud. Si Valles Marineris estuviera en la Tierra, ¡se extendería a través de Estados Unidos de costa a costa! Por comparación, el Gran Cañón parece pequeño con solo 277 millas (446 kilómetros) de longitud.

Probablemente, las erupciones volcánicas formaron Olympus Mons.

Valles Marineris está situado justo al sur del ecuador de Marte.

Los diseños de los exploradores y las sondas de aterrizaje se prueban en los desiertos de la Tierra antes de que se envíe el equipo a Marte. Los científicos tienen muchos criterios para evaluar el desempeño de estas máquinas. Deben poder aterrizar con seguridad y continuar funcionando. Necesitan contar con suministros confiables de energía, aparatos de comunicación y equipo científico. Los exploradores también necesitan desplazarse fácilmente sobre terreno irregular y sus cámaras deben enviar información visual precisa.

Las seis ruedas de los exploradores los ayudan a superar obstáculos y los paneles solares les suministran la energía proveniente del sol.

En el futuro, los exploradores y las sondas se diseñarán para usar tecnología más avanzada. Como resultado, nuestro conocimiento continuará ampliándose y podríamos encontrar una respuesta a la pregunta: ¿hay vida en Marte?

LOS COLORES DE MARTE

La tecnología de las cámaras ha avanzado desde que *Mariner 4* envió fotos en blanco y negro de Marte a la Tierra. Aunque las fotos modernas son más nítidas y más claras, surge un problema: resulta casi imposible saber si los colores que muestran son los correctos. Las cámaras que se usan en los exploradores tienen un rango de filtros que cambian los colores de las cosas. Los colores también pueden cambiar dependiendo de la hora del día y de las condiciones climáticas. Algunas veces el cielo marciano puede verse azul, cobrizo e incluso rosado.

¿Cuáles son los verdaderos colores de Marte?

Brand X Pictures/PunchStock /Getty Images

CAPÍTULO 3

¿VIDA EN MARTE?

La Tierra está en una posición privilegiada para que haya vida en ella. Tiene agua potable, su atmósfera es respirable y recibe la cantidad adecuada de rayos solares: si estuviera más cerca del Sol, podría ser demasiado calurosa y si estuviera muy lejos del Sol, podría ser demasiado fría. ¡La Tierra es un lugar ideal! Por esta razón, los científicos llaman Ricitos de oro a la zona donde está la Tierra.

Aunque Marte es mucho más frío que la Tierra, algunos científicos piensan que también podría estar en la zona Ricitos de oro. Marte al igual que la Tierra podría tener vida.

Aunque la Tierra es el único planeta del sistema solar donde puede vivir el ser humano, quizá los otros planetas tengan otras formas de vida.

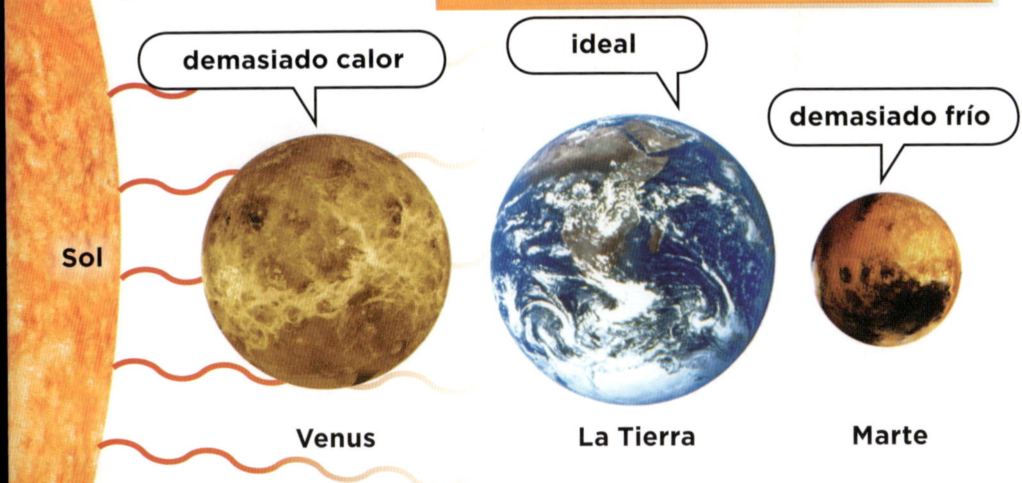

Detective del lenguaje	**¿Qué palabras en esta página forman un comparativo de superioridad?**

(l)NASA/SDO, (bl)NASA Jet Propulsion Laboratory (NASA-JPL), (bc) Ingram Publishing, (br) Stock Trek/ Photodisc/Getty Images

Solíamos pensar que todas las formas de vida de la Tierra obtienen su energía del sol. Sin embargo, los científicos han descubierto que hay plantas y animales que la obtienen de sustancias químicas o del calor del núcleo de la Tierra. Los extremófilos habitan en la Tierra en condiciones extremas de calor o de frío. Pueden existir en agua hirviendo, vivir en ácidos, sin oxígeno o sin luz solar. Por esta razón, los científicos piensan que algunos tipos de extremófilos pueden vivir en Marte. Hasta ahora, solo hemos podido explorar una pequeña área de Marte, de modo que esto podría ser posible.

Los psicrófilos pueden vivir a temperaturas de 5 grados Fahrenheit o menores, por eso se encuentran en la Antártida o en el Ártico en la Tierra.

Los científicos creen que el agua es la mejor clave para encontrar vida. Marte tiene vapor de agua en su atmósfera, y los científicos han observado agua congelada en los polos. Los lechos de ríos secos en el planeta pueden haberse formado por corrientes de agua en el pasado. ¿Hacia dónde fue el agua? ¿Podría estar bajo la superficie?

Penn State University/Science Source

Formas diminutas de vida, como las bacterias, son las más probables de encontrar en Marte. En 1984 se halló un **meteorito** en la Antártida y se pensó que procedía de Marte. El color de su interior era marrón verdoso y pesaba poco menos de 5 libras. Los científicos creen que el meteorito cayó en la Tierra hace cerca de 13,000 años. Tras estudiarlo muy de cerca, algunos creyeron haber detectado bacterias **fosilizadas** en la roca, pero otros no estuvieron de acuerdo.

¡UN ROSTRO EN MARTE!

Cuando el *Vikingo 1* envió fotografías de Marte a la Tierra en 1976, la gente se sorprendió. ¡Una de las imágenes parecía revelar un gigantesco rostro humano que sobresalía de la superficie de Marte! Algunos pensaron que los marcianos habían delineado la figura. Sin embargo, mejores fotografías de la misma imagen tomadas entre 1990 y 2010, muestran que no hay tal rostro.

La foto de 1976 tomada por el *Vikingo 1* parecía mostrar un rostro humano de aproximadamente 1 milla (1.6 kilómetros) de ancho.

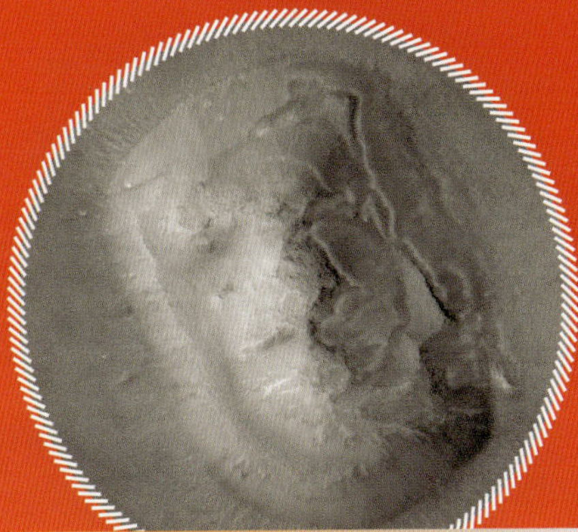

Unas imágenes de mayor resolución del *Mars Global Surveyor* de 2001 niegan la teoría de un rostro.

(l) NASA/Jet Propulsion Laboratory (NASA/JPL) (r) NASA/Jet Propulsion Laboratory (NASA/JPL)

Los científicos esperan coordinar muchas más misiones a Marte. Están interesados en aprender más sobre el clima y la geología marcianos, y desean investigar si hay evidencia de vida en Marte tanto ahora como en el pasado. Los planes de los científicos incluyen el uso de aviones y globos para explorar la atmósfera del planeta y de perforadoras para explorar debajo de la superficie; y quieren traer muestras de suelo y rocas para estudiar más cercanamente este desconocido planeta en sus laboratorios.

También hay planes para que el ser humano explore Marte pero existen muchos factores a tener en cuenta antes de que cualquier viajero llegue a este planeta distante. Se necesita desarrollar un sistema especial de transporte, trajes de protección y lugares para habitar. ¡En el futuro, *nosotros* podríamos ser la vida en Marte!

Detective del lenguaje	**Busca en esta página las palabras que establecen una comparación.**

Esta es la impresión de un artista sobre la ropa y el equipo que el ser humano podría necesitar para sobrevivir en Marte.

Pat Rawlings/SAIC/NASA Human Spaceflight Collection

CONCLUSIÓN

El ser humano siempre ha sentido curiosidad por las cosas que lo rodean. Ha estado interesado en observar, comprender su ambiente, explorar y ponerse desafíos. El conocimiento de las plantas, los animales, el clima y la naturaleza ayudan a la gente a sobrevivir.

Aunque nuestro conocimiento de Marte crece, aún estamos fascinados por ese planeta y deseamos aprender más. Quizá las nuevas tecnologías y un mayor entendimiento contribuyan a que el ser humano explore, se adapte e incluso establezca asentamientos en un futuro en Marte.

Respuesta a la lectura

Resumir

Usa los detalles más importantes de *Marte* para resumir cómo el conocimiento sobre ese planeta ha cambiado con el tiempo. Usa el organizador gráfico como ayuda.

Causa → Efecto
→
→
→
→

Evidencia en el texto

1. ¿Cómo sabes que Marte es un texto expositivo? ¿Qué características del texto apoyan la información que aparece en él? **GÉNERO**

2. ¿Qué causó que la gente pensara que había un rostro gigantesco en Marte? ¿Cómo el desarrollo de la tecnología cambió esta idea? **CAUSA Y EFECTO**

3. La raíz griega *tele-* significa "lejos" y la raíz *-scopio* significa "objeto para observar". Usa esta información y las claves de contexto para definir la palabra *telescopios* en la página 2. ¿Qué otras palabras incluyen alguna de estas raíces griegas? **RAÍCES GRIEGAS**

4. Escribe cómo la observación y el desarrollo de la tecnología hicieron que las ideas sobre Marte cambiaran con el tiempo. Incluye detalles del texto en tu respuesta. **ESCRIBIR SOBRE LA LECTURA**

Género **Ciencia ficción**

Compara los textos

Lee sobre cómo un niño disfruta la vida en Marte al comprender las ciencias.

ZACH EL MARCIANO

Nunca es fácil ser el nuevo niño de la escuela, pero había algo de lo que Zach estaba totalmente seguro: ¡era peor ser el nuevo niño en el planeta!

—La mamá de Zach es la nueva embajadora de la Tierra en Marte —dijo la maestra—. Estoy segura de que todos le darán la bienvenida.

Todo el mundo miró a Zach como el extraño terrícola que era.

En la Tierra, Zach tenía una estatura promedio, pero aquí se sentía pequeño. La baja gravedad de Marte hacía que los niños crecieran alargados y esbeltos. Zach refunfuñaba cuando la clase salía a jugar básquetbol. Él no encajaba entre estos gigantes.

Durante el juego, Zach no podía controlar sus movimientos. Llevaba dos semanas en Marte y hasta ahora había aprendido a caminar en un lugar de baja gravedad. Correr era más difícil y saltar era casi imposible. Por fin, logró agarrar y sostener la pelota. Pero al lanzarla, golpeó a una compañera y la tumbó.

—Zach tuvo que luchar contra la gravedad de la Tierra toda su vida —dijo la maestra mientras ayudaba a la niña a levantarse—, de modo que sus músculos son mucho más desarrollados que los nuestros. Pronto aprenderá a ser más suave.

Zach se sentía terrible y se ruborizó. "Necesito tomar aire fresco", pensó. Pero no había. Toda la colonia estaba cubierta por un domo gigantesco, lleno de aire reciclado.

—¿Estás bien? —le preguntó una voz.

Era Gemma, la niña a la que Zach había golpeado con el balón.

—Eso debería preguntártelo yo —dijo él.

—Estoy bien —dijo Gemma sonriendo—. Debe ser difícil haber venido a Marte. Yo nací aquí, nunca he salido de mi planeta, pero entiendo que no debe ser fácil adaptarse a un planeta diferente. En realidad, Marte no es tan malo.

Zach levantó las cejas.

—No, de verdad —continuó ella—. Esta tarde nuestra clase va a trabajar en los jardines, verás que es maravilloso ir allí.

Zach se sorprendió cuando su clase fue a un enorme invernadero, lleno de frutas y vegetales frescos, todos de cultivos hidropónicos.

—Mira —dijo Gemma mientras la clase revisaba las soluciones de agua—, estamos descubriendo y desarrollando nuevas ideas todo el tiempo. Estamos mejorando en el cultivo de alimentos y en el reciclaje de agua y aire.

Cuando la clase se terminó, Gemma llevó a Zach al área de afuera debajo del domo. Zach no podía creer lo que veía: un trampolín. Gemma se subió y dio algunos rítmicos volatines, luego se bajó e invitó a Zach a subirse. Zach subió gateando y comenzó a rebotar indeciso, pero pronto la combinación de su mayor poder muscular y la baja gravedad lo hacían saltar cada vez más alto, sintiéndose en un momento como un superhéroe.

"¡Tal vez no es tan malo ser un marciano!", pensó.

Haz conexiones

¿Qué cosas han aprendido a hacer mejor con el tiempo las personas que viven en Marte en *Zach, el marciano*? **PREGUNTA ESENCIAL**

¿De qué manera vivir en Marte como los personajes de *Zach, el marciano* nos permitiría responder algunas de las preguntas que aparecen en el texto *Marte*? **EL TEXTO Y OTROS TEXTOS**

Glosario

astrónomo persona que observa y estudia el espacio exterior ***(página 2)***

atmósfera capa de gas que rodea a un planeta ***(página 2)***

deducir descubrir algo pensando en los hechos conocidos ***(página 8)***

elíptico de forma ovalada ***(página 6)***

evidencia algo que ayuda a probar que algo más es cierto ***(página 5)***

explorador máquina con ruedas que recoge información sobre la superficie de un planeta ***(página 11)***

fosilizado transformado en un fósil o rastro preservado de un ser vivo de hace mucho tiempo ***(página 15)***

meteorito pedazo de roca o de metal que cayó a la Tierra desde el espacio exterior ***(página 15)***

polar relativo al polo o a la región alrededor del polo ***(página 7)***

sonda de aterrizaje vehículo espacial diseñado para aterrizar sobre un planeta; también se le conoce por su nombre en inglés, *lander* ***(página 11)***

sonda espacial nave espacial sin tripulación diseñada para explorar el espacio y para enviar información de regreso a la Tierra ***(página 10)***

tecnología invención que mejora los procesos, los métodos o el conocimiento ***(página 3)***

teoría idea que no ha sido probada ***(página 5)***

Índice

Enfoque:
Ciencias

Propósito Dar a los estudiantes la oportunidad de ver a Marte por sí mismos

Procedimiento

Paso 1 Con un compañero o por tu cuenta, usa internet para aprender sobre cuándo puedes ver a Marte desde donde vives.

Paso 2 Habla con un adulto en casa y elijan una noche en la que puedan salir a ver a Marte juntos.

Paso 3 Lleva un cuaderno y dibuja lo que veas. ¿Dónde se ve Marte en el cielo? Trata de usar marcas en el suelo para que puedas dibujar a Marte en el lugar indicado. Luego predice dónde crees que estará en dos horas y marca dicha posición en tu dibujo. Al cabo de dos horas, sal de nuevo y revisa tu predicción.

Paso 4 Describe tus observaciones al resto de la clase.

Conclusión ¿Qué notaste sobre Marte? ¿Era o no era lo que esperabas? Si hay un planetario o un observatorio cerca de donde vives, visítalos de modo que puedas observar a Marte a través de un telescopio. ¿Cuál será la diferencia de ver a Marte a través de un telescopio que desde tu casa?